Les planches de cet album ont été initialement publiées dans le magazine *J'aime Lire*.

Maquette : David Alazraki

18 rue Barbès, 92120 Montrouge
ISBN : 979-10-363-7225-4
Dépôt légal : janvier 2025
Loi 49-956 du 16 juillet 1949 sur les publications destinées à la jeunesse

Imprimé en France par Pollina - 52081

Anne Didier • Olivier Muller • Clément Devaux

Anatole Latuile

Un Max de surprises !

Bayard Jeunesse

Un Max de surprises !

Anatole
Latuile
Le dossier blanc

Je vais chez le primeur, je reviens dans une demi-heure...
Ma mère est bizarre, en ce moment... Elle trouve toujours plein d'excuses pour partir.

Qu'est-ce que tu veux dire ?
Elle n'arrête pas de passer des coups de téléphone secrets. Elle a plein de rendez-vous mystérieux...
Tu crois qu'elle a quelque chose à cacher ?
Je me demande si elle n'est pas une espionne... ou alors elle me cache que je suis un enfant adopté et que ma vraie famille veut me reprendre...
Tu n'exagères pas un petit peu ?
Ah non, pas du tout... Elle est vraiment trop bizarre !
Hier matin, j'ai vu un dossier blanc près du téléphone... Et quand j'ai voulu regarder dedans, elle me l'a quasiment arraché des mains !
Non !
Si, j'te jure, elle ne voulait pas que je l'ouvre.

Du coup, je n'arrête pas d'y penser et ça m'a même empêché de dormir la nuit dernière...
Ce serait peut-être mieux de vérifier l'info avant de stresser, tu ne crois pas?
Viens, on va essayer de le retrouver, ton dossier blanc!
Où est-ce que ta mère range ses dossiers?
Dans le bureau!
Tiens, il y a un tiroir qui est fermé à clé, mais la clé n'est pas dessus!
Ça se confirme, je suis sûr que le dossier est dedans!
Qu'est-ce que tu fais?
Je cherche la clé...
Si c'était moi, je l'aurais plutôt mise là-dedans...
Ah oui, bonne idée...

Ah ben non... Il n'y a rien...
Dis donc, Jason, elle porte des lunettes, ta mère ?
Non, pourquoi ?

Alors, qu'est-ce que cet étui à lunettes fait là ?
?

Bingo !

Alors?
Il y a des bijoux...
C'est tout?
Oui!
Oh zut, il va falloir fouiller toute la maison...
On va se répartir les pièces!
10 minutes plus tard.
Pas de dossier blanc dans le salon...
Ni dans les chambres...
Si ça se trouve, ta mère l'a pris dans la sacoche de son vélo quand elle est partie.
Alors c'est fichu!
Bon, on ferait mieux de prendre le goûter!

Dis donc, il y a beaucoup de fraises chez toi !
Oui, ma mère n'arrête pas d'en acheter... Encore un truc louche !
Le dossier !
?
?
Blanc sur blanc, elle avait trouvé la cachette parfaite !
Qu'est-ce que c'est que ça ?
Je ne sais pas, mais c'est crypté, il y a des chiffres en bas.
On dirait des photos d'une île prises par avion...

Ça doit être la base secrète de l'organisation qui emploie ta mère !
Tu as raison ! Là on dirait qu'il y a une piste d'atterrissage pour les hélicoptères...
... Et là, un port pour les bateaux !
... Ou plutôt pour les sous-marins ?
J'allais le dire !
HAHAHA !
?
?

Vous n'avez jamais vu d'échographies ?
?
?
Ces photos du bébé dans le ventre de ta mère datent de la semaine dernière...
Ouh ouh, les enfants, je suis rentrée !
Le secret de ma mère, c'est qu'elle est enceinte ?
MIX 2000
Par contre, je ne peux pas encore te dire si tu auras un petit frère ou une petite sœur !
fin.

Anatole
Latuile
Le porte-bonheur

Je crois que je me suis fait avoir par ma soeur, elle m'a vendu un faux porte-bonheur pour 20 euros.
20 euros ? Mais comment elle a réussi une arnaque pareille ?

Elle m'a raconté qu'elle l'avait trouvé devant chez nous et qu'il lui est soudain arrivé plein de choses extraordinaires.
Comme quoi ?
Qu'elle a rencontré le bassiste des Morbid Panic et qu'il lui a donné un autographe alors qu'il n'en signe jamais.
Et c'était un faux ?
Évidemment... J'ai retrouvé un brouillon avec plein d'autographes dans sa corbeille à papier.
Pareil pour la bague qu'elle a soi-disant trouvée dans le caniveau... qui en fait appartenait à ma mère !
Aïe aïe aïe !
T'aurais pas une petite idée pour qu'elle me rembourse ?
Si...

Plus tard.
Tiens, voilà les objets précieux !
Génial !
Dites, les garçons, vous pourriez aller m'acheter une barquette de fraises ?
5 EURO
D'accord, Maman, mais pas tout de suite... Mylène va bientôt rentrer et on doit voir un truc avec elle.
Vivement que le bébé naisse... J'en ai marre d'aller chercher des fraises !
Oui, mais en attendant, on va pouvoir utiliser les 5 euros !
Ah bon ?
Oui... pch pch pch...

Cinq minutes plus tard.
Voilà Mylène, à toi de jouer!
Merci, ma grande soeur adorée!!
Qu'est-ce qui te prend?
Depuis que j'ai ton porte-bonheur, il m'arrive plein de trucs cool!
Ah oui?
J'ai trouvé une carte Startruc hyper forte dans le parc...
... Et une dame m'a offert une sucette parce que je lui ai ramené son petit garçon qui s'était perdu.

Mais...
... Ce ne serait pas un billet de 5 euros ?
?
Tu as vraiment trop de chance !
5
Maman, tu as encore donné 5 euros à Jason pour t'acheter des fraises ?
Oui, pourquoi ?
Ah ah ah, elle était complètement bidon, ta mise en scène !
Et toi, Anatole, reprends ta sucette et ta carte !
Vous croyiez sincèrement que j'allais tomber dans le panneau, les nains de jardin ?
bidibidip !♪
Allô, Richard ? Tu t'es fait voler ton scooter ? OK, je viens te chercher à l'arrêt de bus dans une demi-heure !
Viens, j'ai une autre idée !

CLIC!
Et maintenant, le texte de l'affiche!
"Perdu porte-bonheur aux pouvoirs puissants. Récompense de 30 euros à qui le trouvera."
Tic Tic Tic Tic Tic Tic
Euh... Je ne te suis pas trop, là...
Mylène t'a bien vendu le porte-bonheur 20 euros?
Ben oui...
En voyant l'affiche, sûr qu'elle va te le racheter pour toucher la récompense!
... Et pour le numéro à contacter, je mets celui d'Ulysse!
Tic Tic Tic...
PERDU
06 24
Ah OK!
J'ai tout compris... Je vais le prévenir!
Et moi, j'imprime!
DJiiiiiiiii
CLACLAC
VZiiiiiii

Un quart d'heure plus tard.
Vite, il ne nous reste plus que cinq minutes avant que Mylène débarque !
PERDU
PERDU
Vraiment n'importe quoi, les gnomes, vous pouvez sortir de votre buisson !
SCRITCH !
La saleté, elle a tout deviné !
VRRRR
TCHH !
4
Merci d'être venue, il ne m'arrive que des galères...

C'est quoi, cette affiche avec mon porte-bonheur en photo ???
VRRRR...
Ton porte-bonheur ?
PERDU
Oui, je l'ai perdu hier en partant de chez toi... Depuis, je n'ai que des ennuis !
Je l'ai retrouvé mais je l'ai vendu à Jason...
Mais pourquoi t'as fait ça ??
Je pouvais pas savoir, Richaaaard !!
Tu veux me le racheter, Mylène ?
C'est pas possible, j'ai perdu le billet de 20 euros !
C'était vraiment pas malin de vendre mon porte-bonheur, maintenant, t'as la poisse !
C'est notre couple qui a la poisse !!
Au fond, je crois que je ferais mieux de le garder...
fin.

Anatole
Latuile
Fille ou garçon ?

Ma mère vient de commencer la layette du bébé avec de la laine rose !
Donc c'est une fille !
Fais voir ?

Ah non, elle fait une deuxième rangée avec de la laine bleue !
Alors, je ne sais toujours pas si je vais avoir un petit frère ou une petite soeur !
Il faut qu'on t'aide à percer ce secret !
Oui, mais ça ne va pas être facile, mes parents ne veulent absolument pas qu'on le sache...
Pourquoi tu ne veux pas avoir la surprise ?
Parce que, si c'est un garçon, il dormira dans ma chambre. Alors que si c'est une fille, elle ira chez Mylène.
J'ai besoin de me préparer, moi... Ce n'est quand même pas rien de partager sa chambre !
J'ai une idée, on a un livre sur les prénoms, à la maison... Je vais le prêter à tes parents et on va écouter ce qu'ils disent !

Plus tard.
Ça a marché ! Ils sont en train de discuter du prénom du bébé et ils notent des choses sur un carnet...
Le problème, c'est qu'on n'entend rien. Dommage qu'on n'ait pas mis un micro dans le salon !
Mais oui, tu as raison !
Les PRÉNOMS
Passion, gloire et frisson, l'amour n'a pas d'saison...
Mylène veut forcément savoir si le bébé est un garçon ou une fille, non ?
Oui, elle en meurt d'envie !
Alors on va lui demander son portable et on le fixera sur ta Startruc-mobile télécommandée !

Encore plus tard.
Vous n'avez pas intérêt à me le casser !
Ne t'inquiète pas, on a prévu un airbag !
Bon, dépêchez-vous quand même. J'aime pas me séparer trop longtemps de mon téléphone.
Touche "micro" activée !
Tic !
VRRRRRRRRRR
ALLONS EXPLORER CETTE NOUVELLE GALAXIE !
RRRR

Cinq minutes plus tard.
MISSION ACCOMPLIE, CAPITAINE !
ZRRRRRR
VRR
On n'a plus qu'à écouter l'enregistrement.
VRRRRRRRRRRR... J'aime Cassandra !
C'est une fille ! Elle s'appelle Cassandra !
Cassandra ? Mais elle sort déjà avec Bob !
Mais non, Jason, ça, c'était la télé...
Attendez, j'écoute plus loin...
VRRRRRRRRR... RETOUR À LA BASE !
J'aurais dû me douter que votre plan était débile, les gnomes !
TOIIING !
Ça y est, ils ont fini de discuter et on ne sait toujours rien !

Regardez, ils ont laissé le carnet !
Ben... Qu'est-ce que tu veux qu'on en fasse ? Ils ont arraché la première page...
Vous connaissez la technique du crayon pour révéler les traces laissées sur un bloc de papier ?
SCRITCH SCRITCH SCRITCH SCRITCH...
CHRISTOPHER
SYLVESTRE
EDDY
MICHEL
Et voilà !
Ce ne sont pas des prénoms de fille, ça...
Oh la la... Non seulement le bébé va dormir dans ma chambre, mais, en plus, il va avoir un prénom naze !
Il faudrait lui changer les idées !

Justement, c'est l'heure de Startruc. On n'a qu'à le regarder !
D'accord...
CLIC !
Startruc, je suis enceinte !
Quoi ? Je vais bientôt être père ?
Ça alors, Céleste Moon et le capitaine Startruc attendent un bébé !
Décidément, ça me poursuit !
J'ai une autre bonne nouvelle. Le grand mage a fait une prophétie. Notre bébé s'appellera Xam, il sera le futur sauveur de l'univers.
Tu as entendu, Jason ?

...Si ton petit frère est dans ta chambre, on pourra jouer au bébé Startruc avec lui !
C'est vrai, ça !
Et tu pourrais persuader tes parents de l'appeler Xam !
Oui, pourquoi pas ?
Non, je rigolais... Mais si tu prends Xam à l'envers, ça donne Max !
Max Bombix...
Ah oui, ça en jette !
... Ça en jette un MAX !
fin.

Anatole
Latuile
La préparation à la naissance

Tu en fais une tête !
J'ai presque pas dormi. À 3 heures du matin, mon père a emmené ma mère à la maternité pour accoucher. Mais c'était une fausse alerte !
Décidément, ton petit frère se fait attendre.

Ma mère aussi a eu plein de fausses alertes pour mes quatre petits frères et sœurs.
Pareil chez moi, pour l'arrivée de Sidonie !
En tout cas, ça m'arrange bien...
Ah bon, pourquoi ?
Ben... je ne me sens pas prêt à être grand frère.
C'est normal, la première fois...
Surtout que le bébé va dormir dans sa chambre !
On pourrait l'aider, non ?
T'as raison, je crois qu'il en a besoin !
Jason, on va te faire une préparation mentale et physique !
C'est vrai ?

Au milieu de la nuit.
OUIiiiiiN!! OUIiiiiN!!
Hein? Qu'est-ce que c'est?
?
C'est ta formation de grand frère qui commence!
OUIiiiiiiN!!
Mais ça va pas? Il est 2 heures du mat'!
Ben justement, c'est à cette heure-là que les bébés réveillent toute la maison!
OUIiiiiiN OUIiiiiN!!
Ouille, ça donne mal à la tête... Tu peux arrêter ça?
T'inquiète, ça s'arrêtera dans 10 minutes. C'est à peu près le temps que mettent les parents pour réagir...
OUIiiiiN!!
Bon, ben moi, je vais me recoucher...
OK, on reprend l'entraînement à 8 heures du matin.
Quoi? Aussi tôt que ça?? Mais on est samedi!
Estime-toi heureux, ça devrait plutôt être à 6 heures. Un bébé ne dort pas plus de 4 heures de suite.
OUIiiiiN OUIiiiN!!

Le lendemain matin.
Ah, c'est vous? Je venais juste de me rendormir. Mes parents sont repartis à la maternité à 5 heures... Sûrement pour une fausse alerte.
Un, deux...
...Troiiiis!
Tout ça pour moi? Vous êtes trop sympas!
Plus tard.
Je crois que vous vous êtes trompés de destinataire...
Mais non, ça fait partie de ton entraînement.
C'est pour t'habituer à tous les cadeaux que vous allez recevoir et qui ne seront pas pour toi...
Ah ouais... C'est pas drôle!
Bon, on passe à la suite. On peut monter dans ta chambre?

Ah mais ça ne va pas du tout ! Tu n'as pas rangé tes Lego® !
Et alors ?
L'ingestion de petits objets est la première cause d'hospitalisation des bébés !
Je ne vais quand même pas ranger ma chambre tous les jours !
Ben si...
On commence le jeu de rôle qu'on a préparé ?
D'accord !
Qu'est-ce que tu fais ?
STAR TRUC
Ga !!!
?

SCHOUIC SCHLIP!
Mais arrête, c'est une carte de 200 PV!
Agueu!
Mon vaisseau Startruc!
PAF! PAF PAF PAF PAF
Ça va pas, non?
Ouiiiiiin!!!!
Ouiiiiiin!!!
D'après cette mise en situation, je crois que tu vas devoir apprendre à prêter tes affaires, Jason...
Quitte à ce que tu les retrouves cassées!
Ouiiiiiin!!!
Il va continuer à hurler longtemps?
Jusqu'à ce que tu le calmes avec une comptine!

J'en ai une très simple. Répète après moi : "Voici ma main, elle a cinq doigts...
... En voici deux, en voici trois !
En voici deux, en voici trois...
... L'index qui montre le chemin est le deuxième doigt de ma main..."
Mais non, Jason, tu as montré l'annulaire !
Ouiiiiiiin !!!
Ah bon, excuse-moi !
"Le majeur est un grand frère, l'annulaire porte l'anneau..." Tu t'es encore trompé de doigt !
Ouiiiiiiin !!!
Mais c'est l'enfer d'avoir un petit frère !
Tu sais quoi, le gnome ? Maman vient d'accoucher !
!
!
!
!

Non !!!
Regarde !
Faites coucou à Max !
C'est génial, il est trop chou ! Et, en plus, mes parents m'ont écouté pour le prénom !!!
Bon, je crois qu'on va arrêter le coaching.
Finalement, c'est peut-être mieux qu'il découvre tout ça par lui-même...
fin.

Anatole
Latuile
Le concours de vidéos

Ouah, trop beau, ton déguisement de Céleste Moon ! On va faire une vidéo d'enfer pour le concours Startruc !
Heu... merci Anatole ! J'ai aussi apporté le décor de planètes comme tu me l'avais demandé...
Moi, j'ai pris mon portable pour filmer.

Où est-ce qu'on va tourner ?
Dans ta chambre...
Impossible ! Je te rappelle que je dors maintenant avec mon petit frère Max !
Justement, Max sera le personnage principal du scénario.
Quoi ? Mais il a à peine deux mois !
C'est tout juste l'âge de Xam quand le capitaine Startruc et Céleste Moon découvrent ses super-pouvoirs !
Tu veux dire qu'on va tourner cet épisode ?
...et que Max sera notre bébé ?
Ma mère ne va jamais être d'accord !
On ne lui dira pas ! Et en plus, Mylène n'est pas là ce week-end.
Chez Jason.
Alors Max, prêt pour le rôle de ta vie ?
J'installe le décor !

Ah oui, ça en jette !
On commence comment ?
Dans la première scène, Céleste Moon prend le bébé dans ses bras en se demandant quel pouvoir il a...
Tu viens ?
Hic !
Mon beau bébé, quel pouvoir as-tu donc ?
Zut, ma mère !
TAP TAP TAP TAP TAP
Repose-le !

Tout va bien, les enfants ?
Mais... Max est couché sur le ventre !?
Ça alors, il s'est retourné tout seul ? Je n'ai jamais vu ça, à deux mois !
Il doit être très en avance...
Ne vous inquiétez pas, j'ai réussi à filmer la première scène !
Pour la suivante, tu pourrais aller chercher la canne à pêche de ton père ?

Plus tard.
Startruc, viens voir ! Notre bébé a le don de téléporter son biberon !
J'arrive, Céleste !
POC !
Zut, Max est trempé !
Ouiiiiiiin !!
Qu'est-ce qu'il y a, mon bébé ?
Oh non, tu as régurgité !

Plus tard.
C'est malin ! Maintenant que ma mère a changé Max, on ne peut plus utiliser tout ce qu'on a filmé !
Tu as raison, la différence se verrait trop à l'image.
... Sauf si on adapte le scénario !
On pourrait dire que Xam a la capacité de changer de tenue pour se fondre dans le décor !
Hihihi ! Génial !
Brllbrl...
Encore plus tard.
Mais Xam, tu as changé de pyjama ?
Il doit aussi avoir un pouvoir de camouflage !
C'est dans la boîte !
Burp !
TIC !
Ce serait drôle de le faire voyager de planète en planète. Comme ça, on pourrait le déguiser !
Oui, mais Max n'a pas des pyjamas de toutes les couleurs !

Je vais chercher les habits de poupées de Sidonie !
Cinq minutes plus tard.
Avec ce costume, il pourrait être sur la planète Circus !
Il y a même les chaussures qui vont avec !
Et celui-là est parfait pour l'Aqua-planète ! On pourrait l'essayer ?
Mais comment vous allez faire le décor ?
On va mettre le bébé sur ton lit !
... Et je vais chercher une bassine d'eau pour faire les bruitages !
OK, moi, je lui enfile sa tenue !
Plus tard.
Ce que tu es doué pour te déguiser ! On dirait un petit habitant de l'Aqua-planète !
Glou Glou Glouglou Glou
?
C'est quoi, ces flaques d'eau ?

Mais qu'est-ce que vous faites ?
Euh... on est en train de tourner un film...
Mais enfin ! Ça ne va pas ??
?
On ne fait pas des films avec un bébé de deux mois !
Zut, si notre vidéo n'a pas de fin, on ne va jamais gagner le concours...
Attendez, j'ai une idée pour terminer !
Ça alors, mon bébé, tu as aussi un pouvoir d'invisibilité !
Hihihihi !
fin

Anatole
Latuile
Chez OKEO

Qu'est-ce qui se passe, Jason, t'es fâché ?
Oui, contre mes parents... Tu sais pas la dernière ?

Ils vont chez OKEO pour acheter une table à langer à Max alors qu'il me faudrait un bureau.
Pourquoi, tu n'en as plus ?
Non, on l'a jeté parce qu'il était abîmé. Et mes parents trouvent qu'il n'y a pas assez de place pour deux meubles dans ma chambre !
... Alors qu'ils pourraient très bien changer Max sur la commode de la salle de bains !
BRRM VRRM ...
Mais il ne faut pas te laisser faire !
Facile à dire ! C'est eux qui ont la carte bleue...
VRRRRRR...
J'ai bien envie de t'aider...
VRRRRR.
Tu as une idée ?
Oui, mais il va falloir pédaler !

Une demi-heure plus tard.
HH
HH
J'en peux plus, je crois que j'ai battu mon record de vitesse !
HH
HH
OKEO
Encore un effort, ce serait trop bête que tes parents soient déjà à la caisse...
OKEO des meubles OK à prix K.O
Tu parles, ils en sont encore au début !
GÜLIG
SNØKULL
SNØKULL
Cachons-nous !
Servez-vous
Il est mignon ce biberon-lapin, non ?

J'y crois pas! Max a déjà DIX biberons!!
Prends le chauffe-biberon qui va avec!
BRÜM
Non, mais ils vont dévaliser le magasin!
Les tables à langer sont là-bas!
FRÖMÖ
SCHMO
Qu'est-ce que tu penses de la "Smøllöck"?
GRÜM
INGMÅR
Trop petite. Je préfère la "Ingmår"...

Au moins, elle a des tiroirs pour mettre les couches.
OK, je note la référence, on ira la récupérer au libre-service !
Parfait, ça a la même taille qu'un bureau pour un enfant de CM1 !
ING allée 15 N°6.
C'était ça, ton idée, prendre un bureau pour moi ?
Oui, et l'échanger contre la table à langer !
Viens, on va le choisir !

BUREAU
Fais-toi plaisir !
ERUH
RØLLBÜR
BRØLF
J'hésite entre le "Snärk" et le "Røllbür".
Le Røllbür est mieux !
OK. ROLL allée 22 N°3.
Maintenant, il faut qu'on soit plus rapides qu'eux pour descendre au libre-service.
RØLLBÜR
?
Excusez-moi, Madame !
!
POC !
les meubles OK

23
22
L'allée 22 est là !
LIBRE-SERVICE
3 ROLL BUREAU
Voilà ton bureau. Aide-moi à le porter !
18
On va le mettre dans l'allée 15...
... au nº6 !
6 ING TABLE A LANGER
Attention, les voilà !
15
14
13
12
Génial, ils l'ont pris !
CLAC !
Trop forts !

Plus tard, chez les Bombix.
Ça y est, j'ai fini le montage... Mais c'est bizarre, ça ne ressemble pas au modèle d'expo...
Ah oui, on dirait un bureau !
Vous m'avez acheté le bureau que je vous réclamais depuis trois mois ?
Euh...
On a dû se tromper, Patrick...
Vous êtes trop géniaux ! Merci, mes parents chéris !!!
Bon, je crois qu'on va le garder...
Et on changera Max sur la commode de la salle de bains...
fin.

Anatole
Latuile
L'Encyclo-Startruc (épisode 1)

Alors, tu l'as reçue ?
Ben non... j'ai l'impression que le père Noël a lu ma lettre trop vite.
De quoi parlez-vous ?

De l'Encyclo-Startruc que j'avais commandée à Noël.
Elle vient de sortir et elle contient des trucs incroyables !
Il paraît qu'on y trouve les recettes de poison d'Ursule Tentacule !
... Ou des méthodes pour dresser un Ragondur.
Un Ragondur ?
C'est un rongeur de l'espace qui grignote les fusées ennemies...
Ah oui, ça me paraît très utile, cette encyclopédie !
C'est pour ça qu'on est déprimés !
Mais vous ne l'avez pas cherchée à la médiathèque ? Ils achètent souvent les nouveautés...
Tu as raison, je n'y avais pas pensé !
CLIC !

Le soir.
JEUNESSE
Bonjour, est-ce que vous auriez commandé l'Encyclo-Startruc ?
Tiens, vous êtes les deuxièmes à me poser la question. Oui, elle est dans le rayon jeunesse !
JEUNESSE
C'est ça que vous cherchez ?
Il aurait fallu être un peu plus rapides !
ENCYCLO STARTR
!
!
Et maintenant, vous n'êtes pas près de la récupérer !
Hé hé !
BIP !
ENCYCLO STARTR
Allez, salut les nazes !
C'est trop bête ! Ils nous ont entendus discuter avec Olympe tout à l'heure...
Et bien sûr, ils en profitent pour nous embêter !
Ah, mais j'y pense, Sidonie est justement invitée par leur petit frère demain après-midi !

Le lendemain.
Salut, Sido! Qu'est-ce que tu fais en pyzama?
C'est pas un pyjama, Ange, c'est mon déguisement de Petit Lapin Nain!
À tout à l'heure, Sidonie!
Amuse-toi bien!
Elle a mis son pyjama pour voler l'Encyclo et la cacher dedans!
Tu sais quoi? On va faire comme quand l'Infâme Gluant reçoit des visiteurs...
Attends une minute avant d'entrer, Sidonie... On a un petit jeu à te proposer!
On va te peser avant que tu entres et quand tu sortiras...
... Des fois que tu aurais envie de repartir avec un truc à nous!
Zut alors!

Les Mafiolo ont trouvé une bonne astuce, pour une fois!
Tu parles, sûr qu'ils l'ont piquée dans l'Encyclo...
On n'a plus qu'à attendre qu'ils rendent le livre à la médiathèque.
Trois semaines plus tard.
Innocent et Célestin, vous devez rendre l'Encyclo-Startruc à la médiathèque!
On a vérifié, vous êtes en retard!
Et alors?
On n'en a rien à faire du retard!
Les vaches!
T'inquiète, j'ai une idée! Viens chez moi.

Chez les Latuile.
TIC TIC TIC TIC TIC TIC TIC TIC
RAPPEL DE LA
MÉDIATHÈQUE JACQUES PIVERT
Si vous ne rendez pas « l'Encyclo-Startruc » immédiatement, vous serez interdit d'emprunt dans toutes les médiathèques de France
"...Votre carte sera bloquée et vous aurez une amende de 125 euros."
TIC TIC TIC
Purée, tu y vas fort !
Normal, il faut les impressionner !
Maintenant, j'imprime ma lettre...
TIC !
... Et on ira la mettre dans leur boîte !
DJiiii VRRRR...

Le lendemain.
J'ai vu qu'Innocent avait l'Encyclo-Startruc dans son cartable !
Yes ! Il va la rendre à la bibli parce qu'il a les chocottes !
On n'a plus qu'à le suivre pour l'emprunter à notre tour !
Hihihi !
MÉDIATHÈQUE JACQUES PIVERT

BIP!
Innocent est en train de rendre l'Encyclo !
Génial !
SCIENCE-FICTION
Aïe ! Célestin a aussi une carte et il vient de réemprunter l'Encyclo !
BIP!
Ah non, on ne peut pas attendre encore trois semaines !
ENCYCLO
à suivre...

Anatole
Latuile
L'Encyclo-Startruc (épisode 2)

Les Mafiolo vont à la médiathèque, c'est le moment de monter notre guet-apens !
Un piège contre les Mafiolo ? C'est dangereux !
Ne t'inquiète pas, on va juste récupérer l'encyclopédie Startruc qu'ils empruntent à tour de rôle à la médiathèque !

J'ai repéré un raccourci pour arriver avant eux !
Plus tard.
MÉDIATHÈQUE JACQUES PIVERT
Chacun à son poste !
Attention, les voilà !

Tiens, vous empruntez l'Encyclo-Startruc ?
Oui, on l'a depuis un mois et demi...
Quand Célestin la rend, moi je la reprends, et après on fait l'inverse...
Comme ça, on la prolonge aussi longtemps qu'on veut !
ENCYCLO STARTRUC
J'avais justement une question sur les grades dans l'armée des Morvox...
Vas-y...
...On est devenus des spécialistes !
ENCYCLO STARTRUC
Euh... Un Morvox deuxième classe, c'est plus fort qu'un Adjuvator ?
Ah, non !
ENCYCLO STARTRUC
C'est le contraire !

Vous êtes sûrs de vous ?
ENCYCLO STARTUC
Sûrs !
Mais où est passée l'Encyclo-Startruc ?
Elle s'en va toute seule !
?
TING !
Bye bye !
!
!
Stop, jeune homme ! Que faites-vous ?

Plus tard.
On était à deux doigts de réussir notre coup...
Ça devrait être interdit de garder un livre en utilisant deux cartes !
Oui, d'ailleurs tu viens de me donner une idée !
Dis-moi, Ulysse, ton grand frère veut toujours être comédien ?
Jean-Baptiste ? Oui, pourquoi ?
Tu crois qu'on pourrait l'embaucher pour qu'il récupère l'Encyclo ?
Euh...
Voilà mon plan : pch pch pch...
Hi hi... C'est possible que ça l'amuse !

Le lendemain.
C'est bon, madame Mafiolo part faire son marché.
Merci d'avoir accepté notre proposition, Jean-Baptiste. Voilà l'imperméable et les lunettes de soleil de mon père.
Ton idée m'a fait trop rire !
Je vous l'avais dit !
DiNG DONG !
Vous êtes bien Innocent et Célestin Mafiolo ?
Heu, oui...
Léo Malette, détective de la médiathèque municipale !
Ah ?

D'après mon enquête, vous avez mis au point un système qui vous permet d'emprunter indéfiniment un document.
!
Vous voyez de quel document je veux parler ?
Euh... De l'Encyclo-Startruc ?
Exactement ! Vous êtes priés de me la rendre immédiatement, sinon...
Je vais la chercher !
Une minute plus tard.
Voilà, Monsieur !
Et que ça ne se reproduise plus !
ENCYCLO STARTRUC
D'accord, Monsieur...
Entendu, Monsieur...
CLAP CLAP !
CLAP
CLAP
CLAP
CLAP

Bravo, ça a super bien marché !
Ils ont fait une de ces têtes, quand tu as annoncé que tu étais détective !!
Il faut dire qu'ils sont bien naïfs.
ENCYCLO STARTRUC
Et maintenant, filons à la médiathèque pour l'emprunter à notre nom !
!!
C'était un faux inspecteur !!
Les pourris !!!
Qu'est-ce que vous croyiez ?
Vous auriez dû mieux lire l'Encyclo-Startruc. C'est toujours les gentils qui gagnent à la fin !
Fin.

Anatole Latuile

Xam sauvé des eaux

Ils ont surtout aimé qu'on mette en scène le bébé Xam !
Ça ne m'étonne pas !
STARTRUC
World
Tu te rends compte, ça veut dire qu'on peut filmer une suite pour la demi-finale !
Avec mon petit frère ?
Oui, j'ai déjà une idée de scénario qui se passerait au square. Et Henriette est d'accord pour jouer dedans.
Euh... mais tu sais que ma mère ne veut plus qu'on tourne avec Max...
On n'est pas obligés de lui dire !
Tu ne devais pas le promener cet après-midi ?
Si, mais c'est une petite promenade d'un quart d'heure...
Ce sera suffisant, si on a tout préparé avant !

En début d'après-midi.
Salut, Henriette ! Eh ben t'as un drôle de déguisement...
Oui, je suis la fille du Pharaox !
On va refaire la scène de "Xam sauvé des eaux" !
Comment ça ?
L'Infâme Gluant va abandonner Xam dans la grotte, et il va naviguer jusqu'au bassin.
C'est pas un peu risqué ?

Ne t'inquiète pas, il y a trois centimètres d'eau dans le ruisseau...
Et moi, je le récupérerai dans le bassin avec mes bottes.
Mais pour que le tournage soit complètement sécurisé...
...J'ai apporté le gilet de sauvetage de ma petite sœur de quand elle allait aux bébés nageurs !
Je vois que vous avez tout prévu !
Tu es tout beau, là-dedans...
Et maintenant, en route vers l'aventure !
Agueuh !

Plus tard.
Il est trop bien ce décor, non ?
Ah ouais !
Tiens, qu'est-ce que c'est ?
À mon avis, c'est la manette pour éclairer la grotte !
Ce n'est pas la peine d'allumer, j'ai assez de jour comme ça...
SCHLiip !
Gui gui gui !
On dirait que ton masque le fait rire !

Je te tiens, Xam, fils de Startruc !
Rejoins la mer maudite et disparais de notre univers !
Ga !
PLAF !
Il y a tout juste assez d'eau pour que ça flotte !
Agueuh !
À toi, Henriette !

Oh, mais qui arrive par la voie des eaux ?
Hou hou, Jason !
Zut, ma mère !
Vite, il faut récupérer Max !
CLAC !
Ouille !
PSCHHHHHHHH
?

PSCHHHHHH!
glouglouglou...
!
Mais qu'est-ce qui se passe ?
Jason, tu es là ? Tu as oublié la tétine de Max !
Anatole, tu as mis en route le jet d'eau !!
MAX ?!?
Ga ga ga !
FSCHHHHHHHHH...
fin.

Anatole
Latuile
La caméra cachée

On a commencé un nouveau film pour le concours de vidéos Startruc !
Et on a besoin d'une scène avec Auzaguet parce qu'il ressemble à l'Infâme Gluant.
CONCOURS STARTRUC
Mais il est au courant, monsieur Auzaguet ?

Ben non, je vais le filmer en caméra cachée, avec le portable de ma mère...
Et hop !
Mais... Tu as fait un TROU dans ton blouson ?!
On a deux idées de scènes possibles.
C'est votre projet d'arts plastiques pour cet après-midi ?
Euh oui... Mais c'est top secret !
Là, c'est quand l'Infâme Gluant reçoit une enveloppe piégée du Morvox Imperator !
Une enveloppe piégée ?

On l'a déjà achetée chez Fouille-Fouille. Ça fait une mini-explosion quand on l'ouvre.
BOUM!
Mais si ça ne marche pas, on a aussi imaginé une scène où une météorite cogne le hublot de sa fusée.
CONCOURS STARTRUC
Les enfants, en classe!
Vite, range ta feuille!
Tu as raison, ce serait dommage qu'Auzaguet tombe dessus!
POF!
Tiens, tiens...

À la récréation.
Et voilà !
Auzaguet va toujours chercher le courrier à cette heure-ci.
Tu as raison, il est pile à l'heure !
BIP !
Mr AUZAGUET
Oh non, il jette directement l'enveloppe !
C'est bizarre, ça !
Bon, on va tourner la scène de remplacement.
Mais où est ma feuille ?

Tu as dû la laisser en classe...
Tant pis, on s'en souvient ! Tu as le ballon ?
Tu veux dire la météorite ? Attends, je finis de la préparer...
Je pourrai tirer ?
SCRITCH SCRITCH ...
Tu es prêt ?
C'est bon, je filme.
MOP !
POF !
CLAC !
Confisqué !
?
?
?

Mais qu'est-ce qui se passe ? D'habitude, il sort pour nous passer un savon ! Je n'ai même pas pu le filmer avec la météorite dans les mains !
On n'a vraiment pas de chance !
J'ai compris ! Auzaguet a dû tomber sur notre papier...
Il faudrait trouver une nouvelle idée de scène à laquelle il ne s'attend pas !
L'après-midi.
ARTS PLASTIQUES
① CRÉATION EN CARTON
Chaque groupe a réfléchi au thème de sa réalisation en carton ?
Oui, nous on veut faire un monstre Transforman !
À deux têtes !

Nous, on va réaliser un mobile à accrocher au plafond.
J'ai déjà fait quelques calculs en m'inspirant des travaux du célèbre sculpteur Calder !
Et nous, on va faire une turbo-fusée de trois mètres de long !
Mais... On n'avait pas parlé de faire un bateau pirate ?
On a changé de plan pour le tournage !
Très bien ! Vos projets sont variés. J'ai hâte de voir cela !
À 16h30.
Figurez-vous que vos élèves ont essayé de me filmer plusieurs fois dans la journée.
Ah bon ? Mais pourquoi ?
Sans doute parce que je ressemble à l'un des personnages les plus importants de la série Startruc...

Évidemment, j'ai déjoué tous leurs plans !
Ils ne sont pas près de la tourner, leur scène !
Bonne soirée !
VRRRRR
VRRRRRRR...
??
Action !
fin.

Anatole
Latuile
Le blues de Jason

Ben dis donc, Jason, tu en fais une tête !
C'est juste que je n'ai pas trop envie de rentrer chez moi...
Ah bon, qu'est-ce qui se passe ?

Je vais encore devoir faire mon goûter tout seul, aider ma mère à préparer le biberon de Max et même étendre le linge...
Pourquoi ? Ta mère est débordée ?
Trop ! Du coup, elle ne s'occupe plus du tout de moi.
Avant, elle me faisait mes tartines de Muttela. Et des fois, elle me préparait même un petit moelleux au chocolat pour 16 h 30...
Aujourd'hui, c'est fini tout ça. Mercredi dernier, je n'ai même pas eu de frites !
...Elle avait oublié qu'on était mercredi, tellement elle était fatiguée !
Elle est fatiguée à cause de ton petit frère ?
Oui...
MORBID PANIC Live

Mais la halte-garderie, ça existe !
Tu parles, ma mère est tout le temps scotchée à Max, elle ne voudra jamais le laisser !
Tu devrais en parler à la psychologue scolaire. Elle reçoit le vendredi après l'école.
Ça, c'est un super plan, Olympe ! J'y suis déjà allé une fois et ça m'a donné plein d'idées...
Prends un rendez-vous, Jason, je vais t'aider à réussir ta séance !
Je serais curieuse de voir comment tu vas t'y prendre...
Tu n'as qu'à rester avec nous vendredi soir !

Le vendredi à 16 h 30.
Qu'est-ce que c'est ?
PSYCHOLOGUE
Je t'ai apporté un vieux doudou de Sidonie !
?
Garde-le avec toi pendant l'entretien. Et n'hésite pas non plus à sucer ton pouce !
Je vois, tu veux qu'il fasse le coup de la régression !
C'est quoi, une régression ?
C'est un retour en arrière dans le développement d'un enfant qui a subi un traumatisme...
En général, ça affole les psychologues.

Et il y a de bonnes chances pour que la psychologue te montre des taches...
Des taches ? Pourquoi ?
Pour que tu dises à quoi elles te font penser. C'est le test de Rorschach !
Quand elle fera ça, regarde par la fenêtre, et tu sauras ce qu'il faut répondre !
Attention, la voilà !
PSY
Jason, tu as demandé à me voir ? Tu es venu avec des amis ?
Oui, il aimerait que je lui tienne la main pendant la séance...
Je suis désolée, Jason, mais tu vas devoir faire l'entretien tout seul.
Vas-y, Jason, on t'attend ici.
?
PLOP !

Plus tard.
C'est bon, elle sort les feuilles avec les taches, comme prévu !
Que vois-tu sur cette image, Jason ?
Euh... Un biberon ?
Ah oui ? Tu ne vois pas plutôt une fusée ?
Et là ?
Une tétine !
Comment ça ?
Tu ne vois pas autre chose ?

Très drôle, le coup de la fixation sur le petit frère !
Concentre-toi sur cette dernière image !
Une couche !
Hihihi !
Qu'est-ce qui s'est passé récemment dans ta famille ? L'arrivée d'un bébé ?
Euh, ... oui.
PSYCHOLOGUE
C'est bon, elle a mordu à l'hameçon !
Pourtant, c'était un peu gros !

Le lundi suivant.
Ça va aller, mon Jasounet? N'oublie pas ton petit goûter!
SCHMOUIC!
Euh... à ce soir, Maman.
Hin Hin Hin Hin...
On dirait que le plan d'Anatole a fonctionné...
Oui, la psychologue a appelé chez nous...
Ça a décidé ma mère à mettre Max à la garderie. Mais le problème, c'est que maintenant, elle est hyper inquiète pour moi!
Vous n'auriez pas un autre plan pour qu'elle me lâche les baskets?
Jason, il faudrait savoir ce que tu veux!
Fin.

Retrouve tout l'univers

Anatole Latuile

en librairie

Les BD

Les romans

Sur la plateforme

BayaM.

En audio

À ÉCOUTER SUR LES PLATEFORMES DE TYPE DEEZER, SPOTIFY, AUDIBLE...

Et tous les mois dans